A CAT FOR ALL SEASONS
DAY BOOK

A CAT FOR ALL SEASONS
DAY BOOK

ILLUSTRATED BY ISABELLE BRENT

First published in 1991 by Pavilion Productions Ltd
A division of Pavilion Books Ltd
196 Shaftesbury Avenue, London WC2H 8JL
Copyright © Isabelle Brent 1991
Designed by Ron Pickless
Typeset by P&M Typesetting
Printed and bound in Italy by L.E.G.O.
ISBN 1 85145 630 9

Introduction

My paintings of cats are born of a love and fascination for medieval manuscripts by they European, Persian, Russian or Chinese. My subjects are depicted against a variety of backgrounds, both naturalistic and imaginary, often with birds and animals concealed in the decorative borders. Each picture is framed by a border or simple gold band. Sometimes the backgrounds combine with the border, and occasionally the cat may bleed out of the picture on one side. There is no set formula but always I try to paint in such a way that there is something new to be seen or found, so that each one is fresh and interesting. Colour and gold leaf are very important – whatever the dominant colour, a certain blue is always apparent.

I enjoy painting cats, especially the 'humble moggy', for he has a grace and poise, great style and finesse that few other animals possess so effortlessly. Many other artists have celebrated the cat, but in this book, *A Cat For All Seasons,* you will find my own contribution to the many pieces dedicated to the cat. And finally, each cat is modelled on a real animal either belonging to me or to one of my numerous cat-loving friends.

Isabelle Brent

JANUARY

1 _____

2 _____

3 _____

4 _____

5 _____

6 _____

7 _____

8 _____

9 _____

10 _____

11 _____

12 _____

13 _____

14 _____

JANUARY _____

15 _____

16 _____

17 _____

18 _____

19 _____

20 _____

21 _____

JANUARY _____

22 _____

23 _____

24 _____

25 _____

26 _____

27 _____

28 _____

29

30

31

1

2

3

4

February

5

6

7

8

9

10

11

FEBRUARY _____

12 _____

13 _____

14 _____

15 _____

16 _____

17 _____

18 _____

FEBRUARY _____

19 _____

20 _____

21 _____

22 _____

23 _____

24 _____

25 _____

26 _____

27 _____

28 _____

29 _____

1 _____

2 _____

3 _____

MARCH

4

5

6

7

8

9

10

March _____

11 _____

12 _____

13 _____

14 _____

15 _____

16 _____

17 _____

MARCH _____

18 _____

19 _____

20 _____

21 _____

22 _____

23 _____

24 _____

25 _____

26 _____

27 _____

28 _____

29 _____

30 _____

31 _____

APRIL _____

1 _____

2 _____

3 _____

4 _____

5 _____

6 _____

7 _____

APRIL _____

8 _____

9 _____

10 _____

11 _____

12 _____

13 _____

14 _____

15

16

17

18

19

20

21

APRIL

22

23

24

25

26

27

28

APRIL/MAY _____

29 _____

30 _____

1 _____

2 _____

3 _____

4 _____

5 _____

MAY _____

6 _____

7 _____

8 _____

9 _____

10 _____

11 _____

12 _____

MAY _____

13 _____

14 _____

15 _____

16 _____

17 _____

18 _____

19 _____

MAY _____

20 _____

21 _____

22 _____

23 _____

24 _____

25 _____

26 _____

27 _____

28 _____

29 _____

30 _____

31 _____

1 _____

2 _____

JUNE _____

3 _____

4 _____

5 _____

6 _____

7 _____

8 _____

9 _____

JUNE

10

11

12

13

14

15

16

JUNE _____

17 _____

18 _____

19 _____

20 _____

21 _____

22 _____

23 _____

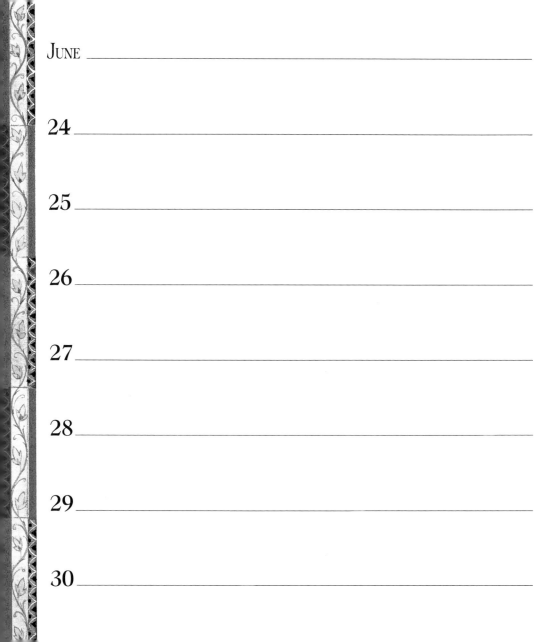

JUNE _____

24 _____

25 _____

26 _____

27 _____

28 _____

29 _____

30 _____

JULY _____

1 _____

2 _____

3 _____

4 _____

5 _____

6 _____

7 _____

JULY _____

8 _____

9 _____

10 _____

11 _____

12 _____

13 _____

14 _____

JULY _____

15 _____

16 _____

17 _____

18 _____

19 _____

20 _____

21 _____

JULY _____

22 _____

23 _____

24 _____

25 _____

26 _____

27 _____

28 _____

JULY/AUGUST _____

29 _____

30 _____

31 _____

1 _____

2 _____

3 _____

4 _____

AUGUST _____

5 _____

6 _____

7 _____

8 _____

9 _____

10 _____

11 _____

AUGUST

12

13

14

15

16

17

18

19 _____

20 _____

21 _____

22 _____

23 _____

24 _____

25 _____

26

27

28

29

30

31

1

September

2

3

4

5

6

7

8

9

10

11

12

13

14

15

16 _____

17 _____

18 _____

19 _____

20 _____

21 _____

22 _____

SEPTEMBER

23

24

25

26

27

28

29

30 _____

1 _____

2 _____

3 _____

4 _____

5 _____

6 _____

OCTOBER _____

7 _____

8 _____

9 _____

10 _____

11 _____

12 _____

13 _____

OCTOBER

14

15

16

17

18

19

20

OCTOBER

21

22

23

24

25

26

27

28 _____

29 _____

30 _____

31 _____

1 _____

2 _____

3 _____

4 _____

5 _____

6 _____

7 _____

8 _____

9 _____

10 _____

November

11

12

13

14

15

16

17

18 _____

19 _____

20 _____

21 _____

22 _____

23 _____

24 _____

NOVEMBER/DECEMBER _____

25 _____

26 _____

27 _____

28 _____

29 _____

30 _____

1 _____

December

2

3

4

5

6

7

8

December

9

10

11

12

13

14

15

DECEMBER _____

16 _____

17 _____

18 _____

19 _____

20 _____

21 _____

22 _____

December

23

24

25

26

27

28

29

December

30 _____

31 _____